RÉSEAU ANONYME TOR 101

Une Introduction à la Partie la Plus Privée de l'Internet

Steven Gates

Edition : BoD - Books on Demand

12/14 rond-point des Champs Elysées

75008 Paris

Imprimé par BoD – Books on Demand, Norderstedt

ISBN : 978-2-3221-1981-3

Dépôt légal : 04-2018

Introduction

En achetant ce livre, vous accepter entièrement cette clause de non-responsabilité.

Aucun conseil

Le livre contient des informations. Les informations ne sont pas des conseils et ne devraient pas être traités comme tels.

Si vous pensez que vous souffrez de n'importe quel problème médicaux vous devriez demander un avis médical. Vous ne devriez jamais tarder à demander un avis médical, ne pas tenir compte d'avis médicaux, ou arrêter un traitement médical à cause des informations de ce livre.

Pas de représentations ou de garanties

Dans la mesure maximale permise par la loi applicable et sous réserve de l'article ci-dessous, nous avons enlevé toutes représentations, entreprises et garanties en relation avec ce livre.

Sans préjudice de la généralité du paragraphe précédent, nous ne nous engageons pas et nous ne garantissons pas :

• Que l'information du livre est correcte, précise, complète ou non-trompeuse ;

• Que l'utilisation des conseils du livre mènera à un résultat quelconque.

Limitations et exclusions de responsabilité

Les limitations et exclusions de responsabilité exposés dans cette section et autre part dans cette clause de non-responsabilité : sont soumis à l'article 6 ci-dessous ; et de gouverner tous les passifs découlant de cette clause ou en relation avec le livre, notamment des responsabilités découlant du contrat, en responsabilités civiles (y compris la négligence) et en cas de violation d'une obligation légale.

Nous ne serons pas responsables envers vous de toute perte découlant d'un événement ou d'événements hors de notre contrôle raisonnable.

Nous ne serons pas responsable envers vous de toutes pertes d'argent, y compris, sans limitation de perte ou de dommages de profits, de revenus, d'utilisation, de production, d'économies prévues, d'affaires, de contrats, d'opportunités commerciales ou de bonne volonté.

Nous ne serons responsables d'aucune perte ou de corruption de données, de base de données ou de logiciel.

Nous ne serons responsables d'aucune perte spéciale, indirecte ou conséquente ou de dommages.

Exceptions

Rien dans cette clause de non-responsabilité doit : limiter ou exclure notre responsabilité pour la mort ou des blessures résultant de la négligence ; limiter ou exclure notre responsabilité pour fraude ou représentations frauduleuses ; limiter l'un de nos passifs d'une façon qui ne soit pas autorisée par la loi applicable ; ou d'exclure l'un de nos passifs, qui ne peuvent être exclus en vertu du droit applicable.

Dissociabilité

Si une section de cette cause de non-responsabilité est déclarée comme étant illégal ou inacceptable par un tribunal ou autre autorité compétente, les autres sections de cette clause demeureront en vigueur.

Si tout contenu illégal et / ou inapplicable serait licite ou exécutoire si une partie d'entre elles seraient supprimées, cette partie sera réputée à être supprimée et le reste de la section restera en vigueur.

INTRODUCTION:

Tor est un logiciel gratuit permettant la communication anonyme. Tor est un logiciel libre pour l'activation de la communication anonyme. Le nom est dérivé de l'acronyme du nom du projet d'origine du logiciel **"The Onion Router"**. Tor dirige le trafic Internet à travers un réseau gratuit mondial de volontaires, composé de plus de sept mille relais pour dissimuler l'emplacement et l'utilisation d'un utilisateur à quiconque effectue une surveillance du réseau ou une analyse de trafic. L'utilisation de Tor, le rend plus difficile de tracer l'activité Internet de l'utilisateur: cela comprend les *"visites de sites Web, postes en ligne, des messages instantanés, et d'autres formes de communication"*. L'intention pour l'utilisation de Tor est de protéger la vie privée de ses utilisateurs, ainsi que leur liberté et leur capacité d'effectuer des communications confidentielles en empêchant leurs activités sur Internet d'être surveillés.

Tor n'empêche pas un service en ligne de déterminer lorsqu'il est accédé à travers Tor. Tor protège la vie privée d'un utilisateur, mais ne masque pas le fait que quelqu'un utilise Tor.

Certains sites web limitent les accès à travers Tor. Par exemple, l'extension MediaWiki TorBlock restreint automatiquement les modifications apportées à travers Tor, bien que Wikipedia permet certaines modifications limitées dans des circonstances exceptionnelles.

Le routage en oignon est mis en œuvre par le cryptage dans la couche d'application d'une pile de protocoles de communication, imbriqués comme les couches d'un oignon. Tor crypte les données, y compris le nœud suivant l'adresse IP de destination, plusieurs fois et l'envoie via un circuit virtuel comprenant des relais de sélection aléatoire Tor. Chaque relais décrypte une couche de chiffrement pour révéler le prochain relais pour passer le reste des données codées. Le relais final décrypte la couche la plus interne du cryptage et envoie les données d'origine à sa destination sans révéler ou connaître l'adresse IP source. Parce que le routage de la communication est partiellement dissimulé à chaque hop dans le circuit Tor, cette méthode permet d'éliminer le seul point où la communication de ses pairs peut être déterminée dans le cadre de surveillance de réseau qui s'appuie sur la connaissance de sa source et de destination.

Tor permet à ses utilisateurs de surfer sur l'internet, chatter et envoyer des messages instantanés de façon anonyme, et est utilisé par une grande variété de personnes pour des fins licites et illicites. Tor a, par exemple, été utilisé par des groupes criminels, des groupes de piratage et des organismes d'application de la loi à contre-courant, parfois simultanément, les agences au sein du gouvernement américain financent diversement Tor.

Tor n'est pas destiné à résoudre complètement la question de l'anonymat sur le web. Tor n'est pas conçu pour effacer toutes les pistes mais plutôt de réduire le risque des sites de retracer les actions et des données vers l'utilisateur.

Tor a été décrit par l'économiste en relation avec le bitcoin et la route de la soie comme étant «un coin sombre du web»; Il a été pris pour cible par l'Agence de Sécurité Nationale Américaine et les agences britanniques de renseignement électromagnétique du GCHQ. Dans le même temps, le GCHQ utilise un outil appelé «Shadow Cat» pour «un accès crypté de bout en bout à VPS via SSH en utilisant le réseau TOR». Tor peut être utilisé pour diffamation anonyme, fuite non autorisée d'informations sensibles, violation du droit d'auteur, distribution de contenu sexuel illégal, vente de substances contrôlées, armes et numéros de cartes de crédit volés, blanchiment d'argent, fraude bancaire, fraude et vol d'identité, échange de monnaie contrefaite; le marché noir utilise l'infrastructure Tor, au moins en partie, en collaboration avec Bitcoin. Il a également été utilisé pour briquer les appareils IoT.

Tor est également utilisé pour des activités illégales, par exemple pour accéder à des informations censurées, pour organiser des activités politiques ou pour contourner les lois contre la critique des chefs d'État.

Tor est de plus en plus utilisé par les victimes de la violence domestique et les travailleurs sociaux et les agences qui les assistent, même si les travailleurs des refuges peuvent ou non avoir une formation professionnelle sur les questions de cybersécurité. Correctement déployé, cependant, il empêche le harcèlement numérique, qui a augmenté en raison de la prévalence des médias numériques dans la vie en ligne contemporaine.

 Tor est utilisé par des organisations de presse telles que The Guardian, The New Yorker, Pro Publica et The Intercept pour protéger la vie privée des dénonciateurs.

Serveur Proxy Windows est une application qui agit comme une machine intermédiaire et intermédiaire entre un ordinateur terminal ordinaire d'une zone locale et le World Wide Web. Les serveurs utilisés pour le Web sont généralement des serveurs proxy HTTP, ou comme ils sont principalement connus sous le nom de Serveurs proxy en ligne. En général, selon les besoins et les exigences, il peut y avoir plusieurs types de serveurs différents pour tous les protocoles d'application.

Un Serveur Proxy Windows comprend des principes de fonctionnement particuliers, qui sont assez simples à comprendre, même si vous n'êtes pas une personne Internet astucieuse. Le proxy est un serveur qui sert de support pour les applications, en faisant des demandes en ligne à leur place. Par conséquent, lorsque les utilisateurs se connectent au World Wide Web à l'aide d'applications clientes, ces applications se connectent d'abord aux proxy, puis leur transmettent leurs demandes.

Les proxy sont alors supposés se connecter au serveur auquel les applications veulent se connecter, puis ils envoient les requêtes au serveur. Une fois que les proxy reçoivent la réponse du serveur, ils l'envoient aux clients de l'application et l'utilisateur est finalement connecté à la page Web qu'il souhaite. Bien sûr, tout ce processus d'anonymat de proxy peut sembler compliqué, mais dure pratiquement pendant quelques secondes. Ces quelques secondes ont suscité une certaine controverse, car il y a beaucoup de gens qui croient que les proxy sont lents. Cependant, ils sont les moyens les plus efficaces de surf anonyme disponibles aujourd'hui.

En utilisant des protocoles tels que TCP / IP dans un réseau local, le rôle joué par les proxy est effectivement pris en charge par les routeurs et les passerelles, mais les proxy ne sont pas inutiles; au contraire, ils ont d'autres caractéristiques qui les rendent très utiles et pratiques. La mise en cache est un; La plupart des serveurs proxy Windows disposent de caches, ce qui signifie que certains sites Web populaires restent longtemps en mémoire, afin de faciliter et d'accélérer les visites. Un utilisateur qui a accès à une liste de serveurs proxy peut mettre en cache des informations via un proxy appelé proxy-cache.

Les connexions Internet peuvent être facilitées et cryptées grâce à l'utilisation d'un serveur proxy Windows bien nommé, rapide et efficace.

L'Internet en général devient de plus en plus compliqué au fil du temps. Il y a beaucoup, beaucoup de nouveaux sites apparaissant chaque jour, beaucoup d'entre eux douteux. Il y a de plus en plus de possibilités de faire des achats ou de révéler des informations personnelles. Et surtout, bien que cela ne soit peut-être pas directement lié à la croissance d'Internet, il y a de plus en plus de chances que ceux qui sont chargés de développer, maintenir et superviser son utilisation deviennent de moins en moins dignes de confiance. L'analyse du trafic est une forme courante de surveillance du réseau qui est réelle et continue.

À cause de cela, de plus en plus de gens étudient les moyens d'anonymiser leurs informations de navigation et se protègent contre l'observation illégale et immorale, le pistage, la subjugation et peut-être même pire.

Qu'est-ce Tor?

À la base, Tor est un acronyme. Ça signifie "The Onion Router" ce qui est pertinent d'une manière que j'ai déjà lu quelque part et que j'ai oublié depuis. Je suis sûr que c'est extrêmement intelligent, bien sûr. Tor est conçu pour être utilisé comme ce qu'on appelle un *"anonymizer"* qui est un logiciel que vous exécutez sur votre ordinateur afin de brouiller l'empreinte unique que vous laissez sur Internet et le rendre virtuellement introuvable. Cela signifie que quelqu'un qui surveille votre connexion Internet ne pourra pas dire quels sites vous avez visités, et les sites que vous avez visités ne pourront pas dire d'où provient votre connexion (c'est-à-dire votre emplacement physique).

Comment Fonctionne Tor

Tor est une suite de logiciels que vous pouvez télécharger et installer sur votre ordinateur. Lorsque vous le démarrez, il se connecte à un réseau d'ordinateurs qui se portent volontaires pour être utilisés dans le "réseau Tor". Il y a des milliers et des milliers de ces ordinateurs sur le réseau dans le monde entier. Le "Tor Browser" est un navigateur Web similaire à Firefox, et fonctionne de la même manière. Lorsque vous tapez une adresse de page

Web, Tor choisit un chemin aléatoire à travers son réseau d'ordinateurs vers la destination choisie et avance progressivement la connexion à travers chacun d'eux. Comme le signal est avancée d'un ordinateur à l'autre, il est rechiffé de sorte que chaque ordinateur sache de quel ordinateur le signal est immédiatement venu, et à laquelle il va. Cela le rend pratiquement impossible à tracer.

Par défaut, Tor ne rend anonyme que votre navigation sur le Web, mais il peut être configuré pour fonctionner avec des logiciels tiers afin d'anonymiser d'autres activités sur le Web, telles que l'envoi d'e-mails.

Faits Intéressants sur Tor

Bien qu'il soit un acronyme, Tor est écrit comme un nom propre. Il s'agit d'une organisation américaine à but non lucratif enregistrée qui définit son objectif de protéger le droit de votre trafic Internet à ne pas être analysé. Si vous utilisez leur service gratuit, c'est une excellente idée d'envisager de redonner avec un don déductible d'impôt ou de faire du bénévolat avec un ordinateur pour faire partie du réseau Tor. Pour plus d'informations, lancez une recherche sur Google pour "Tor" et consultez leur site Web.

CHAPITRE 2: 5 FAÇONS D'ÊTRE COMPLÈTEMENT ANONYME EN LIGNE

L'anonymat d'Internet est difficile à trouver, mais pas impossible. Une grande partie de ce que vous lisez, achetez, marquez ou partagez en ligne est suivie. Les pirates recherchent toujours des moyens d'accéder à vos informations personnelles, tandis que les grandes entreprises de données veulent vendre vos données en ligne. En outre, beaucoup de gens croient que le gouvernement peut espionner leurs activités en ligne. Par conséquent, il est important de prendre des mesures pour s'assurer que vos activités en ligne restent complètement anonymes.

1. Connexion VPN

Votre connexion Internet standard peut exposer votre identité, votre position et votre comportement de navigation. Les pirates informatiques et les sociétés d'extraction de données peuvent utiliser des cookies de suivi pour collecter vos informations personnelles. Une connexion VPN ne stocke pas de données dans les cookies de suivi et permet de garder les activités en ligne des utilisateurs privées ou anonymes. La connexion est similaire à un tunnel qui relie directement votre connexion Internet à un fournisseur VPN. Le fournisseur crypte ensuite toutes les informations stockées ou transmises à travers le réseau. Les connexions VPN permettent également aux internautes d'accéder à du contenu qui, autrement, ne serait pas accessible dans leurs emplacements.

Les connexions VPN aident les utilisateurs à masquer leurs adresses IP. Il existe de nombreux fournisseurs de services VPN disponibles sur le marché. Cependant, il est important de prendre en compte divers facteurs avant de choisir un service VPN. Tout d'abord, découvrez l'emplacement réel du fournisseur de services VPN. Deuxièmement, vérifiez si le logiciel utilisé par le fournisseur de services VPN est compatible avec votre ordinateur ou votre logiciel de réseau. Évitez d'utiliser les services VPN qui conservent les journaux d'activité, qui sont vulnérables aux violations de la confidentialité. Envisagez de vous inscrire aux services VPN que vous pouvez également utiliser sur vos appareils portables, notamment les ordinateurs portables, les tablettes et les smartphones.

2. Système d'Exploitation

Votre système d'exploitation informatique peut être la première niche qui peut compromettre votre vie privée. Les paramètres de vos systèmes d'exploitation peuvent lui permettre d'envoyer automatiquement vos données d'utilisation et vos statistiques aux développeurs, ce qui le rend vulnérable aux virus et malwares. Envisagez d'utiliser des systèmes d'exploitation qui ne possèdent pas ces fonctionnalités et qui ne sont pas faciles à compromettre. Cependant, il est important de savoir que de tels systèmes d'exploitation peuvent ne pas être conviviaux et nécessitent une connaissance de l'utilisation des commandes de programmes.

3. Connexions Tor

Les connexions Tor sont considérées comme l'un des meilleurs moyens de rester totalement anonyme en ligne. Les données qui transitent par une connexion Tor passent par différents serveurs, ce qui rend leur suivi difficile. Bien que Tor dispose de son propre navigateur configuré, vous pouvez l'utiliser avec un VPN pour rendre votre connexion complètement anonyme. Plus les gens se portent volontaires pour servir de serveurs pour la connexion Tor, plus le Tor sera efficace et rapide en raison de la plus grande bande passante. Bien qu'il soit l'un des moyens les plus efficaces pour protéger votre anonymat, il est conseillé d'utiliser une connexion Tor avec précaution, car vous risquez de vous incriminer si des données sensibles transitent par votre ordinateur en tant que serveur.

Les connexions Tor sont souvent lentes car de nombreuses personnes ne sont pas à l'aise de laisser leurs ordinateurs être utilisés comme serveurs pour le réseau. Les connexions de Tor peuvent également servir de portes d'accès à la toile profonde, qui est un centre d'activités criminelles. En outre, les personnes provenant de pays qui manquent de lois sur la confidentialité et le partage des données sur Internet peuvent utiliser les connexions Tor pour enfreindre la vie privée des utilisateurs.

4. Changer Votre Navigateur

Votre navigateur peut exposer vos données au vol ou à une mauvaise utilisation. Par conséquent, envisagez de passer à un navigateur offrant des fonctions de confidentialité avancées. Évitez d'utiliser des navigateurs appartenant à de grandes sociétés et à des moteurs de recherche car ils collectent souvent des informations et des données sur les utilisateurs. Pensez à utiliser des navigateurs qui vous permettent de contrôler le nombre de cookies accédant à votre site et les informations qui peuvent être collectées par les développeurs de logiciels. De nombreux sites Web chargent du contenu à partir d'un large éventail de serveurs, ce qui revient presque à aller au magasin, à acheter de la nourriture dans des contenants non étiquetés et à espérer le meilleur. Le navigateur que vous utilisez et les données qu'il recueille créent une empreinte numérique qui vous identifie.

5. Utiliser les Connexions Anonymes

Il est important d'utiliser des connexions anonymes même lorsque vous utilisez des connexions VPN. Cela aidera à améliorer votre confidentialité en ligne. Envisagez d'utiliser des appareils compatibles avec l'Internet conçus pour améliorer l'anonymat en ligne. De tels appareils vous permettent d'accéder à Internet depuis n'importe quelle partie du monde sans exposer votre adresse IP ou votre emplacement. Ils travaillent en brisant votre trafic en ligne à travers un pont GSM inversé qui finit par retomber sur Internet et de quitter un autre réseau sans fil.

Beaucoup de gens ne comprennent pas qu'ils laissent leurs empreintes digitales lorsqu'ils naviguent sur le Web. Cette information peut être utilisée par les pirates pour commettre divers types d'actes criminels. Si vous êtes intéressé à vous protéger en ligne, alors vous devez vérifier le livre Tor et The Darknet.

CHAPITRE 3:
RÉSEAUTAGE 101:

Certaines personnes sont des maîtres du réseautage. Ils semblent établir, développer et maintenir sans effort un cadre d'individus composé de la famille, des amis, des collègues, des collègues de travail et même des concurrents.

À partir de ce noyau interpersonnel, les Maîtres sont en mesure de fournir et d'obtenir des opportunités, de l'information, du soutien et de l'énergie, ainsi que des contacts supplémentaires. Cela se traduit généralement par des opportunités de carrière nouvelles et passionnantes, de grands clients et des amis et collègues intéressants à tous les coups. En bref, leurs réseaux sont très productifs et efficaces.

Entre temps, le reste d'entre nous semble être de simples réseauteurs novices. Nous connaissons des gens - en fait, nous connaissons certaines des mêmes personnes avec lesquelles les maîtres interagissent. Malgré cela, il y a peu ou pas de flux d'opportunités, d'informations, de soutien, d'énergie ou de contacts supplémentaires provenant de notre réseau.

Parfois, notre réseau est en mesure de nous fournir des opportunités, des informations et un soutien. Et parfois, nous sommes en mesure de faire la même chose en retour. Cependant, même lorsque ces occasions se présentent, elles ressemblent plus à une simple coïncidence qu'à des résultats d'un plan ou d'une conception. Généralement, nos réseaux portent peu de fruits et quand ils le font, ils demandent beaucoup d'efforts.

Pourquoi y a-t-il une différence entre les Maîtres et les Novices? Les Maîtres ne travaillent pas forcément plus durement que les Novices. Habituellement, le contraire est vrai. Les Maîtres utilisent leurs réseaux pour travailler plus intelligemment, pas plus dur. Les maîtres ne sont pas nécessairement plus éduqués que les novices. Les décrocheurs du secondaire peuvent être de bons réseauteurs alors qu'un doctorat peut ne pas être. Et cela n'a rien à voir avec le statut social, l'apparence ou la chance. La différence est la manière et l'approche dans lesquelles les maîtres interagissent avec leurs réseaux.

Les maîtres savent qu'ils doivent être plus que simplement familiarisés avec leur réseau. Les maîtres réseauteurs s'efforcent de développer une connaissance mutuelle, un sentiment de sympathie et de confiance mutuelle. Les Maîtres sont conscients - au moins à un certain niveau de conscience - que ces trois éléments sont la clé pour forger une relation puissante et productive. Si nous devions leur poser des questions sur ces éléments, bien que la terminologie puisse varier, ce serait leur message.

Connaitre:

Une relation ne peut être ni puissante ni productive jusqu'à ce que, au minimum, nous connaissions quelqu'un. Comme cet élément est défini comme étant connu ou familier de quelqu'un, une simple introduction ne constitue pas une connaissance.

Savoir, c'est pouvoir se reconnaître, soit par la vue, soit par téléphone. En outre, le fait de savoir se sentir à l'aise ou suffisamment familier pour pouvoir converser entre eux, même si ce n'est que sur la météo. Enfin, savoir est généralement informé les uns des autres.

Aimer :

Le véritable réseautage concerne les personnes qui travaillent ensemble pour leur bénéfice mutuel. Comme la nature humaine l'a voulu, nous ne sommes pas attirés par les personnes que nous n'aimons pas. Nous réservons les avantages que nous offrons aux personnes que nous aimons.

Pour créer cet élément, il faut réellement et vraiment se soucier des personnes avec qui ils travaillent en réseau. En bref, nous devons avoir un intérêt dans le bien-être de notre réseau.

Cela signifie être engagé et excité par les succès de ceux avec qui nous travaillons en réseau. Analogue à s'intéresser au succès, nous devons aussi partager la douleur des échecs de ceux avec qui nous travaillons. Et en retour, nous pouvons et devons nous attendre à recevoir la même dévotion.

Confiance :

Le fondement sur lequel une relation puissante et productive existe est la confiance. Pour créer et maintenir cela avec nos réseaux, nous devons développer dans leur esprit une ferme confiance en nos vertus et capacités.

En tant que tel, pour créer et maintenir la confiance, nous devons continuellement renforcer leur foi dans notre:

1. Honnêteté de Caractère: Nous ferons les choses que nous nous sommes engagés à faire; et,

2. Fiabilité du Produit ou du Service: Nous ne le ferons pas seulement, mais nous le ferons bien.

Ainsi, passer d'un simple novice à un maître de réseau n'est pas ancré dans le nombre de personnes que nous rencontrons. Il est toutefois fondé à faire en sorte que les gens que nous rencontrons se rencontrent - que ce nombre soit grand ou petit - *apprendre à connaître, aimer, et nous faire confiance.*

CHAPITRE 4: INTRODUCTION À LA PARTIE LA PLUS PRIVÉE DE L'INTERNET

A-CERTAINES PARTIES OU MOYENS LÉGITIMES

Partout où vous tournez, il y a littéralement des douzaines d'opportunités de faire de l'argent en ligne. La grande question: Quels sont les modes et quels sont les moyens vraiment légitimes de profiter en ligne? Si vous avez déjà posé cette question vous-même, nous vous avons entendu et avons décidé d'apporter à la table des moyens tout à fait légitimes de faire de l'argent réel en ligne, quelle que soit la décennie où vous vous trouvez. Ces modèles d'affaires en ligne réussis ont fait leurs preuves maintes et maintes fois pour des milliers de personnes en ligne et la grande chose est qu'ils ne sortiront probablement jamais du style.

1. Marketing Affilié -

Dans de nombreux avis des gens, le marketing affilié est le numéro un moyen de commencer à faire de l'argent en ligne. C'est tellement attrayant pour les débutants et les professionnels, car en tant qu'affilié vous ne vous souciez pas de créer un produit, de gérer des stocks, de traiter des commandes ou d'émettre des remboursements. Tout ce que vous faites est de faire du marketing et de faire une commission!

Ce que vous faites ici est essentiellement est une entreprise de référence. Si les gens que vous référez finissent par acheter quelque chose à cause de vous, alors vous obtenez un pourcentage du profit! Vous pouvez également trouver toutes sortes de produits à promouvoir dans toutes sortes de niches. Vous avez même le choix si vous voulez promouvoir des biens physiques ou des produits numériques.

La variété des choix et des libertés que vous avez en tant qu'affilié est ce qui rend ce modèle d'affaires pratiquement unique en son genre.

2. Vente Aux Enchères En Ligne -

Quelle est la première chose qui vient à l'esprit lorsque vous entendez des enchères en ligne? eBay! eBay fait pour beaucoup de gens, beaucoup d'argent en ligne. Ce qui est génial à ce sujet, c'est que vous pouvez démarrer une entreprise sans jamais savoir comment faire un site Web ou générer du trafic; eBay prend soin de cela tout seul. Tout ce que vous avez à faire est de dresser un inventaire des produits, de les mettre sur eBay et de faire des ventes!

Vous devez prendre soin de l'emballage et de l'expédition, ce qui peut s'avérer être un diable lorsque vous expédiez plusieurs produits dans tout le pays à la fois. Donc, si cela ne vous dérange pas d'être très organisé et de traiter occasionnellement des paquets qui se perdent en transit, vous voudrez peut-être envisager de démarrer une entreprise sur eBay.

3. Droits de Label Privé et Droits de Revente -

Voulez-vous un produit de haute qualité à vendre comme le vôtre, mais vous ne voulez pas vous embêter à être créatif? Si c'est le cas, vous voudrez peut-être examiner les Droits de Label Privé et les Droits de Revente.

Les Droits de Label Privé (PLR) sont des droits spéciaux transmis avec un produit qui vous donne la permission de modifier ce produit de la manière que vous voulez!

Cela signifie que vous pouvez, mélanger, assortir, ajouter, soustraire, timbrer votre nom sur la couverture et VOILA! Vous avez votre propre produit pour faire avec tout ce que vous souhaitez. Et ce n'est qu'une idée pour profiter des Droits de Label Privé.

Les Droits de Revente (RR) vous limite un peu plus. Avec eux, vous avez seulement la possibilité de revendre un produit tel quel. Vous avez généralement le choix à quel prix revendre les produits, mais cela peut se retourner et vous mordre. Il est assez fréquent de voir de bons produits qui valent au moins 50 $ dollars donnés pour un petit 1 $. Cela peut évidemment rendre difficile de gagner un revenu décent, mais étant donné les bonnes tactiques, beaucoup de gens voient d'excellents résultats en utilisant des produits de droits de revente.

4. Créer Eet Vendre des Produits Du Domaine Public -

Saviez-vous que tous les livres, images, fichiers audio et vidéo dont les droits d'auteur ont expiré sont bons à prendre et à utiliser comme les vôtres? Tant que le droit d'auteur sur le travail a expiré, c'est à vous de faire avec comme vous le souhaitez. Lorsque le copyright expire sur les informations, il devient alors une partie du domaine public.

Cette méthode consiste à prendre des informations du domaine public et à les transformer en produits d'information à vendre sur Internet. Par exemple, transformer un livre entier du domaine public en format PDF pour le distribuer sur le Web. Une autre option serait de le mettre sur un CD et de le vendre sur eBay.

La partie la plus difficile de l'opération va être là où vous devez obtenir toutes ces informations du livre dans votre ordinateur. Sauf si vous avez envie de taper le livre entier vous-même, vous pouvez externaliser la tâche. DataDash.com le fait pour vous. Yanik Silver a effectivement un produit qui vous enseigne comment créer et vendre des produits du domaine public. Faites une recherche sur Google à propos de cela!

5. Transformez vos connaissances en E-classes et Téléséminaires -

Si vous avez des connaissances spécialisées ou une certaine compétence que vous connaissez, vous pouvez gagner un revenu décent en transformant ces choses en classes payantes et téléséminaires.

E-classes et Téléséminaires ont une valeur perçue beaucoup plus élevée, donc vous pouvez obtenir plus d'argent par personne que vous pourriez simplement en vendant vos informations dans un livre électronique. Les mettre en place est en fait plus facile à faire de plusieurs façons, surtout si vous parlez bien au-dessus de votre tête

6. Transformez Vos Connaissances En Didacticiels Vidéo -

Cette option est similaire à l'assemblage de classes E et de Téléséminaires. Les vidéos ont également une valeur perçue plus élevée, surtout si vous avez des connaissances ou des compétences, comme la démonstration physique, comme l'exercice, le sport, l'apprentissage par ordinateur, etc.

C'est assez évident, vous apprendrez comment lancer une balle en courbe beaucoup plus efficacement en la regardant en vidéo. Vos clients le comprennent et ils montreront leur gratitude en achetant vos vidéos à 65 $ par rapport au livre électronique de la concurrence de $15.

7. Travailleur indépendant -

Si vous avez une passion pour l'écriture, le design, la recherche, la programmation et bien plus, Internet a certainement de la place pour vous. En tant que pigiste, vous exercez votre compétence spécialisée en échange d'argent. Selon vos capacités, les gens peuvent être prêts à payer beaucoup d'argent pour ce que vous pouvez faire pour eux.

Vous pouvez vous inscrire à des endroits comme freelance.com et vendre vos services professionnels. Les gens vont à des sites comme ceux-ci cherchant à externaliser toutes sortes de travaux. Vous devriez aller et jeter un coup d'œil pour voir quels types de compétences sont les plus en demande. Une fois que vous construisez un bon portefeuille de votre travail, vous pouvez commencer à demander un taux plus élevé en échange de vos services.

8. Blogging –

Si vous êtes un écrivain, bloguer peut être ce que vous cherchez. Le blogging consiste à diffuser du contenu de qualité afin de transformer les premiers visiteurs en fidèles fans qui reviennent régulièrement.

Les moyens les plus populaires pour faire de l'argent sur les blogs est de mettre en place des annonces Google AdSense sur votre site. Vous gagnez de l'argent lorsque les internautes cliquent sur les annonces AdSense. Bloguer est également un outil puissant pour la promotion des produits d'affiliation. Si vous continuez à mettre en place un contenu de qualité, créez une base de fans fidèles au point où vous avez 1000s de visiteurs par jour sur votre blog, vous pouvez facilement gagner quelques centaines de dollars par jour en faisant cela.

B- LOGICIEL DE COLLECTE DE FONDS

Il est très difficile d'obtenir de l'argent et des ressources pour améliorer les autres. Ceci est plus vrai dans les endroits où les vocations bienveillantes ne reçoivent pas autant d'attention ou d'assistance dans leurs efforts. C'est un problème qu'ils doivent absolument résoudre s'ils veulent réussir tout ce qu'ils font de façon convaincante. Heureusement, grâce aux nouvelles technologies disponibles aujourd'hui, non seulement les organisations ou les groupes de secours peuvent-ils faire connaître leur cause auprès d'un plus grand nombre de publics sur Internet, mais ils peuvent également demander des dons de toutes les parties intéressées non seulement à travers le pays mais aussi autour du globe. Grâce à un logiciel de collecte de fonds breveté, il est maintenant possible pour des personnes généreuses de transférer de l'argent à des organisations de secours rapidement, en toute sécurité et efficacement.

Le logiciel de collecte de fonds est un programme exclusivement conçu pour aider les organisations ayant besoin de ressources telles que la main-d'œuvre et l'argent pour continuer et améliorer leur humble travail d'une manière plus commode. Avec elle, ils peuvent étendre leurs campagnes de promotion et de sensibilisation sur Internet tout en donnant simultanément aux personnes généreuses qui s'intéressent à la cause un moyen d'envoyer leurs dons. En raison de l'énorme popularité du World Wide Web de nos jours, ceux-ci peuvent être un développement très prometteur en effet. Non seulement ces organismes de secours peuvent-ils toucher des personnes de plus grande envergure dans tout le pays, mais ils peuvent également obtenir de l'aide d'autres parties du monde.

Cependant, étant donné que ce programme traite principalement les transferts d'argent, un minimum de précaution est absolument nécessaire pour assurer la sécurité de l'argent. Pour ce faire, le logiciel de collecte de fonds est capable de faire les tâches suivantes; suivre les donneurs, stocker et archiver un nombre illimité d'enregistrements de dons, et permettre l'accès au contrôle. Avec eux, les donateurs peuvent être assurés que l'aide qu'ils ont envoyée aux organisations de leur choix sera entre des mains protégées. Le logiciel permet également la personnalisation de la page Web au cas où les groupes d'aide auraient besoin de temps pour faire connaître leurs vocations.

En plus de cela, le logiciel dispose également d'un programme intégré de traitement de texte qui permet aux utilisateurs de créer des documents essentiels pour promouvoir la cause de leurs organisations. La correspondance à la fois par courrier électronique ou par impression est traitée avec soin pour assurer qu'ils peuvent présenter toute cause bienveillante dans la bonne lumière aux masses. Et plusieurs autres mesures de sécurité notables comme le traitement de rebond, qui empêche le spam dans les courriels, et des fonctionnalités polyvalentes comme des modèles personnalisés, qui permettent une fusion facile des documents, offrent à l'utilisateur l'un des forfaits les plus complets. Tous ces avantages ont fait de ce système d'exploitation un choix populaire parmi les organisations privées à travers le pays et dans le monde entier.

Bien que l'aide aux personnes dans le besoin soit en réalité une très bonne perspective pour la plupart des gens, trouver les moyens d'acquérir «l'aide» à fournir aux personnes en question pourrait être la tâche la plus difficile à accomplir. Heureusement, les nouvelles technologies ne laissent pas derrière elles toutes ces avancées, ce qui a contribué à ouvrir une cache de nouvelles possibilités dans des œuvres de charité que les gens ne peuvent qu'imaginer dans le passé.

C- LES BASES DU MARKETING SUR INTERNET

Le marketing Internet, lorsqu'il est réalisé correctement et professionnellement, peut attirer des centaines de milliers de visiteurs pertinents, intéressés et prêts à acheter sur votre site Web, ajouter plus de clients à votre entreprise et améliorer l'image de marque et la reconnaissance de votre entreprise et de ses produits. .

Si vous avez récemment commencé à penser à la création d'une stratégie de marketing en ligne, il y a tellement de directions différentes que vous pouvez choisir et probablement des centaines de milliers de façons de commencer! Vous pourriez décider de vous lancer directement avec un produit de votre choix, peut-être de prendre un produit PLR (Droit de Label Privé) qui a fonctionné pour de nombreux autres spécialistes du marketing en ligne avant vous, et de le recréer comme le vôtre et vendre ce produit en ligne. Voici quelques bonnes nouvelles; ce ne sont que deux idées, mais vous devez savoir qu'il y a littéralement des milliers de niches très populaires que vous pouvez entrer - qui, en fin de compte, pourraient vous rapporter un bon revenu.

Peu importe la direction ou le créneau choisi, vous devrez commencer par un plan de promotion en ligne complet, et peut-être même hors ligne, qui comprendra des produits haut de gamme, un contenu exceptionnel dans votre produit, un design Web efficace et bien pensé, une stratégie de développement qui vous permet d'évoluer pour gérer la croissance. Cependant, l'une des parties les plus importantes de votre nouvelle carrière est de vous assurer que vous choisissez une niche pour laquelle vous avez une passion, ou du moins choisissez une niche dont vous savez quelque chose. Quoi que vous fassiez, ne choisissez pas la niche FOREX si vous n'avez aucune idée de la différence entre un pip et un pup! En fait, il peut être facile de choisir un niche. Par exemple, si vous avez passé votre vie à travailler avec des chiens, peut-être que vous seriez parfait pour promouvoir des produits liés à la niche canine. N'ayez pas peur de découper une partie de la niche du chien, car c'est une niche ÉNORME; ainsi qu'une niche impérissable aussi.

Si vous êtes en ligne, il ne fait aucun doute que vous avez entendu parler des moteurs de recherche populaires là-bas. Ces moteurs de recherche doivent devenir votre ami, et vous voudrez apprendre autant que possible sur la façon dont les moteurs de recherche peuvent vous aider, et comment ils peuvent vous faire du mal aussi. Après avoir appris à maîtriser l'optimisation de moteur de recherche (Référencement), votre objectif numéro 1 sera d'obtenir votre site classé au tout premier rang, la première page de tous les moteurs de recherche principaux que vous le pouvez. Ensuite, sur une base continue, vous devez continuer à personnaliser vos techniques de référencement pour rester dans les deux ou trois premières places, ou au moins la première page. Vous pourriez même envisager de dominer votre créneau de marketing avec des programmes d'affiliation, revendeur et / ou associé. Gardez à l'esprit que bon nombre des plus grands magasins en ligne ont commencé, et continuent aujourd'hui, Et il existe de nombreuses façons de gagner sa vie en tant que promoteur d'affiliation.

Dans ce qui semble devenir une tendance à la hausse sans fin en se concentrant davantage sur le marketing Internet, une stratégie complète sera l'un des aspects les plus importants que vous devez développer, perfectionner, apprendre et apprendre bien, dès le départ. Une stratégie détaillée de marketing internet systématique vous fournira les informations dont vous aurez besoin pour découvrir de puissantes opportunités qui peuvent vous aider à atteindre des clients potentiels, gagner leur confiance et leur respect, et le faire avec des résultats très positifs et mesurables.

Il ne fait aucun doute que vous devez toujours améliorer vos conversions d'investissements marketing en ligne, par exemple en achetant des annonces sur l'un des plus grands sites de médias sociaux, en testant constamment vos titres, votre contenu, vos tarifs, les couleurs de votre site la façon dont vous communiquez avec vos clients. En outre, ne jamais être gêné de conduire autant de clients potentiels que vous le pouvez sur votre site en utilisant toutes les propriétés sociales; pas seulement le plus grand de tout.

Comme les gens sont frappés par une quantité croissante et une plus grande sophistication des publicités en ligne ces jours-ci dans les courriels et un bombardement constant sur presque tous les sites Web, il devient plus important de produire du contenu pertinent super propre aussi facilement et rapidement que possible; tout en gardant à l'esprit que votre contenu doit être facilement digestible par la personne qui le lit. Gardez vos pensées courtes et sur le point d'amener plus de gens à le lire - et n'oubliez pas la force d'une image JPEG ou vidéo MP4 ces jours-ci. Par exemple, les articles de blog qui remportent le plus grand nombre de partages sociaux ont tous un point commun: ils pimentent dans certaines images bien placées pour casser le contenu et mettre l'accent sur certains points. Un autre exemple serait "graphiques d'information", qui combinent des images avec un niveau minimal de texte pour décrire un sujet et fournir des informations statistiques ou des données provenant d'études de recherche.

Une tendance notable qui peut signaler l'évolution apparente de la préférence des consommateurs concernant les messages marketing simplistes au lieu de messages approfondis - ils font maintenant des efforts pour atténuer leurs messages de campagne et ne pas submerger les consommateurs de battage médiatique. Cette stratégie de marketing a récemment pris de l'ampleur et, fait intéressant, cela fonctionne!

Une autre stratégie qui gagne en popularité, encore une fois parce que cela fonctionne très bien en utilisant des «cookies» et des «pixels de suivi» pour suivre les sites Internet que les utilisateurs visitent. Lorsqu'un visiteur quitte un site Web particulier, la marchandise ou les services qui l'intéressent seront de nouveau visibles, à plusieurs reprises, dans des publicités placées sur de nombreux sites Web différents. Cette technique de marketing est ce que nous appelons ***"reciblage publicitaire"*** ce qui fonctionne aussi très bien! Comment le font-ils? Vous souhaitez savoir!

Il devrait être évident pourquoi cette technique de "reciblage publicitaire" est si efficace. En gardant une marque ou même un nom de produit à l'esprit du consommateur, vous récupérerez certainement des retours plus élevés sur tout investissement publicitaire que vous ferez dans le futur. Même s'il n'y a peut-être pas d'achat immédiat, cette technique montre qu'elle est payante à la fin. Cette stratégie consistant à faire apparaître une publicité sur presque tous les autres sites que vous visitez, après avoir regardé un produit en particulier, est à nouveau appelée «reciblage publicitaire» et ça marche tout simplement!

En raison du succès que de nombreux spécialistes du marketing Internet ont connu avec le reciblage publicitaire, il ya de bonnes chances que vous utiliserez cette technique dans un avenir pas trop lointain. Sans entrer dans beaucoup de jargon ici (vous savez, comme *"liens de renvoi" "liens de retour" "liens sortants"* et des centaines d'autres que vous voudrez apprendre), il existe quelques outils et techniques de base de la construction du trafic qui fonctionnaient très bien, mais plus maintenant. Vous devrez rester au courant des tendances de marketing.

Voilà! Ci-dessus était un aperçu super simple à environ 100 000 pieds au-dessus du niveau de la mer, avec très peu d'attention, pas de choses concrètes, et seulement une infime fraction de ce que vous voulez apprendre si vous envisagez d'entamer le marketing en ligne !

Si vous souhaitez gagner votre vie en ligne un jour, répétez après moi ... "Ce ne sera pas un succès du jour au lendemain ... ce N'EST PAS un plan à devenir riche très vite." Indépendamment de ce que beaucoup de «gourous» essaient de vous vendre - cela N'ARRIVERA PAS du jour au lendemain. Si vous démarrez sur cette solide base, vous pourriez construire votre entreprise sur une base solide. Continuez à vous concentrer sur vos objectifs, déterminez comment les atteindre avec un bon travail, et vous serez étonné de ce que vous pouvez réaliser avec une présence en ligne.

LE MARKETING DENTAIRE SUR L'INTERNET

Marketing Web pour les patients existants

Des statistiques récentes indiquent que 14,3 millions de ménages utilisent l'Internet et 69% ont une connexion haut débit. 78% des ménages londoniens disposant d'un accès à Internet disposent en réalité de la large bande, soit environ la moitié de tous les ménages de la région de Londres.

Un site Web est essentiel pour tout dentiste privé qui est sérieux dans la commercialisation de leurs patients existants, en particulier à Londres. Le site Web devrait transmettre le professionnalisme dans sa conception et son contenu. Les patients doivent être immédiatement impressionnés à première vue et souhaitent recommander votre site Web à la famille, aux amis et aux collègues. Une animation Flash devrait être envisagée pour donner vie au site, d'autant plus que la plupart des ménages ont un accès haut débit.

Le site Web devrait être mentionné sur tous les articles de papeterie, la signalisation et les rappels. Le dentiste doit montrer le site Web à chaque patient sur un ordinateur de chirurgie avant de commencer le traitement. En passant personnellement par le site Web avec vos patients, vous avez non seulement l'occasion de les informer personnellement des différents traitements esthétiques que vous leur offrez, mais vous leur apprenez également comment faire la démonstration du site Web à d'autres personnes;

une séance d'entraînement importante pour vos spécialistes du marketing de bouche à oreille.

Une fois que la conception et l'animation du site Web ont capturé l'attention immédiate du patient, l'utilité du contenu du site est extrêmement importante. Le contenu doit être éducatif mais pas ennuyeux. Des photographies professionnelles du bâtiment, de la réception, de la salle d'attente et de la chirurgie devraient être disponibles, en particulier pour montrer des pratiques nouvelles ou rénovées. Un bref texte descriptif devrait être complété par des photographies bien coupées avant et après. Morphing les photographies avant et après dans une animation flash douce fournit un impact visuel passionnant à la compréhension du du traitement par le patient .

Attirer des patients potentiels

Le grand public est maintenant habitué à regarder des programmes de relooking à la télévision et à lire divers articles sur la dentisterie esthétique dans les journaux et les magazines. Tous les jours, les gens se tournent vers le moteur de recherche le plus populaire, http://www.google.co.uk, et recherchent un dentiste dans leur emplacement, soit près de leur maison ou au travail.

Sur Google il y a la liste gratuite et naturelle et la liste sponsorisée payée. Que votre site soit la principale annonce gratuite ou dans la liste pay-per-click, il est essentiel qu'il soit visible en haut de la 1ère page de Google.co.uk pour les phrases clés qui vous concernent.

Les avantages de la publicité par paiement au clic sont que les classements élevés peuvent être obtenus immédiatement et la formulation de la description du lien est entièrement personnalisable. Dans la publicité par paiement au clic de Google AdWords, vous créez une annonce avec la formulation et le lien que vous avez choisis, en spécifiant les mots-clés que vous souhaitez cibler. Vous définissez un coût par clic (CPC) maximum, par exemple 20p par clic ou 2 € par clic, et les annonces sont ensuite classées comme une enchère. D'autres facteurs que CPC peuvent affecter votre classement sur la liste sponsorisée mais généralement vous devez définir un CPC plus élevé que vos concurrents pour être classé plus haut qu'eux. Vous définissez un budget quotidien et votre annonce s'affiche jusqu'à épuisement du budget avec le nombre de clics équivalent.

Contact par des patients potentiels

Un site web professionnel et convivial qui peut être trouvé sur la première page de Google.co.uk est essentiel pour tout dentiste esthétique du visage qui est sérieux pour attirer de nouveaux patients.

Le site Web Dentaire doit fournir des détails clairs sur la façon de vous trouver, de vous téléphoner et de vous envoyer un courriel. Votre numéro de téléphone et votre adresse sont les mieux placés sur chaque page pour qu'il soit extrêmement facile pour les patients existants et potentiels de vous contacter. Les visiteurs devraient être en mesure de vous envoyer un courriel, surtout s'ils surfent au travail ou la nuit lorsque vous avez fermé. L'adresse e-mail principale doit être professionnelle et aller de pair avec l'adresse Web, c'est-à-dire que l'adresse web dental.co.uk doit promouvoir l'adresse e-mail info@dental.co.uk. Il est important de ne pas utiliser une adresse e-mail personnelle ou gratuite telle que @hotmail.com ou @btinternet.com. Cette cohérence simple est importante pour la crédibilité.

Cinq conseils pour se souvenir de votre site Web devrait:

• être attrayant, éducatif et impressionnant, pas ennuyeux

• être facilement trouvé sur Google.fr grâce à la liste naturelle ou par clic payant

• augmenter la crédibilité en utilisant des profils de dentiste et des témoignages

• vous permettre d'être contacté facilement, notamment par email

• avoir des statistiques Web avancées

CONCLUSION

Le réseautage est comme n'importe quelle autre compétence. Cela doit être perfectionné. Si vous allez seulement à un événement de réseautage par année, il sera difficile pour vous d'avoir du succès. Plus vous allez à plus d'événements de réseautage, plus vous vous sentez à l'aise, ce qui permet aux gens d'être plus à l'aise avec vous. Et les gens aiment faire des affaires avec des gens avec qui ils se sentent à l'aise.